New Media Management: Internet der Dinge

Technische, werbliche und nutzerrelevante Möglichkeiten von Smart Home, Machine-to-Machine (M2M) und Industrie 4.0

Daniel Scherb

Bibliografische Information der Deutschen Nationalbibliothek:

Die Deutsche Nationalbibliothek verzeichnet diese Publikation in der Deutschen Nationalbibliografie; detaillierte bibliografische Daten sind im Internet über http://dnb.d-nb.de abrufbar.

ISBN: 9783346289162
Dieses Buch ist auch als E-Book erhältlich.

Druck und Bindung: Books on Demand GmbH, Norderstedt Germany
Gedruckt auf säurefreiem Papier aus verantwortungsvollen Quellen

Das vorliegende Werk wurde sorgfältig erarbeitet. Dennoch übernehmen Autoren und Verlag für die Richtigkeit von Angaben, Hinweisen, Links und Ratschlägen sowie eventuelle Druckfehler keine Haftung.

Das Buch bei GRIN: https://www.grin.com/document/950338

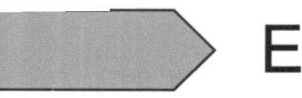

Einsendeaufgabe
Aufgabe B – Internet der Dinge

Studiengang: Medien- und Kommunikationsmanagement

Modul: New Media Management

SRH FernHochschule Riedlingen

von

Daniel Scherb (geb. Czapla)

Studiengang: Medien- und Kommunikationsmanagement

Inhaltsverzeichnis

Internet der Dinge... 3

Technik.. 4

Smart Home 6

   Technische Möglichkeiten... 6

   Werbliche Möglichkeiten 7

   Nutzerrelevante Möglichkeiten 8

Machine-to-Machine (M2M)... 10

   Technische Möglichkeiten... 10

   Werbliche Möglichkeiten 12

   Nutzerrelevante Möglichkeiten 12

Industrie 4.0.. 14

   Technische Möglichkeiten.. 15

   Werbliche Möglichkeiten 16

   Nutzerrelevante Möglichkeiten 16

Tabellenverzeichnis.. 18

Internetverzeichnis 18

Literaturverzeichnis 20

Abkürzungsverzeichnis 20

Aufgabe B

Internet der Dinge

Das Internet prägt und beeinflusst unser heutiges Leben zunehmend. Insbesondere seit der Jahrhundertwende konnten auf dem Gebiet der digitalen Technik große Fortschritte gemacht und somit stetig neue Anwendungsgebiete für das Internet erschlossen werden. Spätestens seit der flächendeckenden Verfügbarkeit und Nutzung des Internets für den Privatgebrauch, ist dieses fester Bestandteil unserer heutigen Lebensweise geworden. Informationsbeschaffung, Einkäufe, Banküberweisungen, Pflege sozialer Kontakte oder die Buchung des nächsten Urlaubes – die Möglichkeiten des Internets scheinen schier unbegrenzt und sind aus unserem Alltag kaum mehr wegzudenken. Dass das Internet das Leben um einiges leichter machen kann, ist mit Sicherheit unstrittig. Auch für Unternehmen (unerheblich ob es sich dabei um ein Dienstleistungsunternehmen mit überwiegender Bürotätigkeit oder um ein Industrieunternehmen zur Wertschöpfung handelt) bietet der technische Fortschritt ungeahnte Möglichkeiten. Zu Zeiten in denen Begriffe wie Effektivität, Optimierung und Kostenreduzierung in Unternehmen immer thematisiert werden, könnte das Internet auch hier der Schlüssel zum Erfolg sein. Die Technik macht es möglich, Computer von reinen Eingabegeräten, bei denen die Maschine lediglich das weiß und verarbeitet, was ihr der Mensch via Befehle oder Eingabe vermittelt, hin zu „intelligenten" Maschinen zu entwickeln. Das Stichwort lautet „Internet der Dinge" oder „Internet of Things", kurz „IoT".

Was versteht man unter „IoT"?

Bereits 1999 fiel der Begriff „Internet of Things" am Massachusetts Institute of Technology (MIT). Die damalige Vision des britischen Technologie-Pionier und „Father of IoT", Kevin Ashton, eine Kommunikation zwischen intelligenten Objekten, also eine Verschmelzung der physischen Welt mit dem Internet, zu schaffen, wird heute bereits Realität.[1] Zu unterscheiden sind hierbei die Konzepte der IoT für den Industriebereich und jene für den Privatverbraucher. In der Industrie geht es primär um die Vernetzung und Kommunikation von

---

[1] Vgl. Smithsonian.com (26.04.2016): http://www.smithsonianmag.com/

Maschinen in Fabriken und Fertigungseinrichtungen, so liegt der Fokus im privaten Bereich auf den Menschen selbst sowie um Haushaltsgeräte und Geräte der Unterhaltungselektronik – also jene Geräte des alltäglichen Gebrauchs.[2] Mithilfe des Internets soll es demnach möglich sein, Dingen in gewisser Hinsicht eine Art Eigenleben zu verschaffen, sodass die Steuerung durch den Menschen nicht mehr zwingend notwendig ist. Der Unternehmer und Forscher am Medialab des Massachusetts Institute of Technology spricht hierbei von „enchanted objects", also verzauberten Objekten, die über ihren alltäglichen Gebrauchswert hinauswachsen.[3]

Eine Befragung des Institutes für Demoskopie Allensbach zum Verständnis des Begriffs „Internet der Dinge" in Deutschland im Jahr 2015 zeigt, dass rund 35% mit dem Begriff nichts anfangen können oder eine falsche Vorstellung davon haben. Mehr als 20% der Befragten hingegen nannten die Selbststeuerung von Maschinen, beziehungsweise die aktive Kommunikation zwischen Maschinen, aber auch die Verwendung im Privatbereich sowie die Relevanz des Themas für das Alltagsleben.[4]

Technik

Als Basistechnologie oder Vorreiter des IoT kann die bereits erfolgreiche Verwendung der Radio Frequence Identification (kurz: „RF D") genannt werden, welche unter anderem in der Logistik eingesetzt wird. Besonders hier ist es wichtig, dass jederzeit Informationen über ein Produkt, eine Palette oder Lagerbestände abgerufen werden können. Mit Hilfe eines solchen RFID-Tags oder auch als Transponder bezeichnet, also der „Sender", werden die Informationen per Funk über Radiowellen an einen Responder, der „Empfänger", übermittelt. Anders als bei der bis heute gängigen Methode mittels Barcode, entfällt hier der direkte Kontakt zwischen Lesegerät und Chip, was wiederum Zeit und somit Kosten spart. Der flexible Einsatz durch unterschiedliche Frequenzen und die sich dadurch ergebenen variablen Reichweiten, wie auch die schnelle Lesegeschwindigket der Informationen

[2] Vgl. IT Wissen (26.04.2016): http://www.itwissen.info/
[3] Vgl. FAZ (26.04.2016): http://www.faz.net/
[4] Vgl. Statista (29.04.2016): http://www.statista.com/

machen die Technologie für viele Bereiche attraktiv.[5] So ist es beispielsweise möglich, den firmeninternen Fahrzeugbestand mit einem RFID-Tag auszustatten. Gleichzeitig gilt die Schranke zur Zufahrt als Responder und erkennt die Firmenfahrzeuge beim Heranfahren. Ein aktives Eingreifen des Fahrers fällt somit komplett weg, da die Schranke die Informationen des Transponders erkennt und sich diese automatisch öffnet. Vergleichbare Lösungen im Bereich des Gebäudemanagements sind ebenfalls möglich.[6] Größter Negativpunkt aktuell ist allerdings der hohe Kostenfaktor, insbesondere die Stückkosten für Tags als auch die Kosten für die einmalige System- und Netzwerkeinrichtung sind meist beachtlich. Mittelfristig ist hier allerdings mit einer deutlichen Senkung der Stückkosten zu rechnen. Auch der bisher fehlende weltweit einheitliche Standard, wie es ihn beispielsweise für die Verwendung von Barcodes gibt, führt teilweise noch zu Schwierigkeiten. Hier wird aktuell jedoch der Electronic Product Code (EPC) etabliert, welcher als branchenübergreifender Standard in Unternehmen für Identifikationszwecke dienen soll.[7]

Im folgenden Teil dieser Arbeit soll auf drei Bereiche näher eingegangen werden, für die das Internet der Dinge von großer Bedeutung ist. Der erste Bereich umfasst den Privatbereich und zeigt die Möglichkeiten im Bereich Smart Home auf. Der zweite Bereich analysiert den industriellen Einsatz des IoT im Sinne der Machine-to-Machine- Kommunikation (M2M) und Industrie 4.0. Es soll dabei jeweils auf die technischen, werblichen und nutzerrelevanten Möglichkeiten und Auswirkungen eingegangen werden.

---

[5] Vgl. DHL Discover Logistics (29.04.2016): www.dhl-discoverlogistics.com
[6] Persönliche Kommunikation
[7] DHL Discover Logistics (29.04.2016): www.dhl-discoverlogistics.com

Smart Home

Die Technologie der vernetzten Dinge wird für den Ottonormalverbraucher erst dann interessant, wenn er direkt davon betroffen ist und diese auch selbst effektiv nutzen kann. Was aus den Berichten von aktuellen Trends der zukunftsweisenden Technologiemessen, wie zum Beispiel der jährlichen CeBit, für die meisten nach „Zukunftsmusik" klingt, wird bei näherer Betrachtung jedoch deutlich, dass genau jene Zukunftsvisionen, welche vor ein paar Jahren vorgestellt wurden, heute bereits Realität werden.

Auf dem Weg von der Arbeit bereits das Licht im Wohnzimmer und im Eingangsbereich einschalten und die Temperatur auf ein Wohlfühlniveau einstellen, beim Verlassen des Hauses sich Gewissheit verschaffen, ob der Herd wirklich ausgeschaltet ist und all das, ohne manuelles Tätigwerden des Menschen, sondern lediglich über eine Bedienung via App auf dem Smartphone. Was sich wie Science-Fiction anhört, ist bereits heute fester Bestandteil in einigen Haushalten. Das vollautomatische Heim oder auch „Smart Home", also intelligentes Zuhause, ermöglicht es von unterwegs auf die Haushaltsgeräte zuzugreifen und diese individuell einzustellen. Dass dieses Thema immer mehr, insbesondere junge Menschen fasziniert und interessiert, bestätigt auch eine Umfrage aus dem Jahr 2015, bei der die Einstellung zum vernetzten Wohnen respektive Smart Home in Deutschland erfragt wurde. Dabei gaben mehr als ein Drittel der Befragten zwischen 16 und 49 Jahren an, dass sie sich für Smart-Home-Anwendungen interessieren. Für die ältere Generation hingegen scheint das vernetzte Wohnen eher weniger interessant – 25% der 50 bis 69-Jährigen – bis überhaupt nicht interessant - 37% der selben Altersgruppe.[8]

Technische Möglichkeiten

Generell lassen sich die Smart-Home-Lösungen in zwei Kategorien einteilen:

1. feste Installationen von einer Fachfirma, meist in einem Neubau oder im Rahmen von Renovierungen
2. Nachrüstlösungen.

---

[8] Vgl. Statista (30.04.2016): http://www.statista.com/

Bei einer Festinstallation wird auf die Heimautomations-Bustechnik „KNX" zurückgegriffen, welche für eine reibungslose Kommunikation zwischen sogenannten Aktoren und Sensoren mithilfe eines Steuerungsprotokolls sorgt. Für die Kommunikation werden zusätzlich Unterputzdrähte verlegt, welche mit einer Steuerungseinheit verknüpft sind, sodass die Geräte miteinander kommunizieren können. Dadurch lassen sich Heizungsthermostate oder motorgetriebene Jalousien zentral steuern.[9] Da die Installation aber sehr kostenintensiv und aufwendig ist, ist eine Festinstallation für Mietwohnungen aktuell allerdings sehr unattraktiv aufgrund der kurz- bis mittelfristigen Verweildauer in einer solchen Wohnung. Für den Neu- oder Umbau hingegen, sind solche fest integrierten Systeme eher geeignet. Eine elegante Lösung für jene, die entweder nicht die finanziellen Mittel aufbringen können/wollen, aber dennoch die Vorzüge des vernetzten Wohnens in Anspruch nehmen möchten, bieten verschiedene Hersteller smarte Nachrüstmöglichkeiten für den Massenkonsum an. Diese sind zum einen günstiger als komplett integrierte Systeminstallationen und zum anderen bedarf es hier meist keine aufwendige Installation. Als Beispiel sei hier ein mobiles Sicherheitssystem des amerikanischen Start-Up-Unternehmens Canary Connect genannt. Dabei handelt es sich um eine kleine, auf den ersten Blick, unscheinbare WLAN-fähige Box mit integrierter Kamera, auf die mittels App mit dem Smartphone zugegriffen werden kann. Somit kann in Echtzeit das Eigenheim über das eigene Smartphone überwacht werden. Das System bietet dabei auch eine Alarmfunktion, die aktiviert wird sobald eine Bewegung im Sichtfeld der Kamera registriert wird. Der Nutzer wird dann umgehend mittels Pop-Up-Nachricht auf dem Handy informiert.[10]

Werbliche Möglichkeiten

Anhand des deutschen Stromlieferanten RWE, sollen im Folgenden die werblichen Möglichkeiten zum Thema Smart Home genauer betrachtet werden.[11]

---

[9] Vgl. Golem (30.04.2016): http://www.golem.de
[10] Vgl. Canary (30.04.2016): http://www.canary.is
[11] Vgl. RWE (02.05.2016): http://www.rwe-smarthome.de

Auf der offiziellen Homepage von RWE für Kunden, ist die Rubrik „Smart Home" unter dem Oberbegriff „Technik" zu finden. Der Konzern wirbt dabei auffällig mit folgenden drei Vorteilen für das Smart-Home-Konzept:

1. Sicherheit

2. Komfortsteigerung und

3. Energie sparen

Einer Umfrage aus 2015 zufolge sind diese drei genannten und beworbenen Vorteile auch der mit Abstand am meist genannte Nutzen, die sich Smart-Home-Anwender versprechen Im Detail gaben 59% der Befragten an, dass sie sich Einsparungen in der Energie versprechen, 57% nannten den Komfort und Erleichterungen im Alltag und 47% gaben letztlich die erhöhte Einbruchsicherheit durch Smart-Home-Lösungen an.[12] RWE trifft mit ihrem Werbeauftritt also genau jenen versprochenen Nutzen der Anwender, welche aus der Umfrage zu erkennen sind.

Nutzerrelevante Möglichkeiten

Die bereits vorgestellten werblichen Möglichkeiten stellen gleichzeitig auch die nutzerrelevanten Möglichkeiten der Anwender dar. Das Thema Sicherheit wird für viele Haushalte aufgrund vermehrter Einbruchmeldungen in den Medien aber auch durch die steigende Kriminalität immer wichtiger. Allein in Nordrhein-Westfalen wurden 2014 beispielsweise über 52.000 Wohnungseinbrüche verzeichnet.[13] Um auf das Smart-Home-Angebot von RWE zurückzukommen, so bietet der Konzern durch das intelligente Zuhause einen schnellen Statusüberblick über Rauchmelder, Sicherheitskameras oder Bewegungsmelder. Ähnlich dem Konzept des oben beschriebenen mobilen Sicherheitssystems des Start-Up-Unternehmens Canary Connect, kann der Anwender jederzeit mit seinem Smartphone oder Tablet den aktuellen Status der Geräte abfragen oder sich live auf die Kameras schalten.[14] Weiter lassen sich mit der technischen Lösung unter anderem auch von unterwegs die Rollläden oder das Licht um und im Haus steuern, sodass man einen Aufenthalt im Haus vortäuschen kann, obwohl man sich vielleicht gerade im Urlaub,

---

[12] Vgl. Statista (02.05.2016): http://www.statista.com

[13] Vgl. Statista (02.05.2016): http://www.statista.com

[14] Vgl. RWE (02.05.2016): http://www.rwe-smarthome.de

mehrere tausend Kilometer weit weg vom Eigenheim, befindet. Ein weiterer Aspekt von Smart-Home-Lösungen soll die damit verbundene Komfortsteigerung mit sich bringen. Mit einer Vernetzung der Beleuchtung, der Rollläden, des Heizungssystems oder auch von alltäglichen Haushaltsgeräten, wie einer Kaffeemaschine, verspricht RWE das Zuhause zum „persönlichen Wohlfühl-Assistenten" umzurüsten.[14] Durch die Automatisierung von verschiedenen Prozessen nach dem IFTTT-Schema („if this, then that"), lassen sich somit auch komfortable Automationsketten einstellen: kurz bevor der Wecker klingelt, fängt die Kaffeemaschine damit an, den Morgenkaffee zu brühen.[15] Der letzte beworbene Vorteil stellt die Möglichkeit zum Energie sparen dar. In der oben genannten Umfrage, zum versprochenen Nutzen von Smart-Home-Anwendungen, ist dieser Punkt wohl für Viele der wichtigste. Eine intelligente Heizungssteuerung zum Beispiel, ermöglicht es dem Nutzer jederzeit – auch unterwegs – die Temperatur zu regeln oder sobald man das Haus verlässt, Energie zu sparen. Auch die Möglichkeit, den Stromverbrauch detailliert zu verfolgen, besteht, sodass schnell teure Stromfresser im Haushalt ausgemacht und gegebenenfalls gegen energiesparendere Geräte ausgetauscht werden können.[16]

Trotzt der scheinbar vielen Vorteile, die man durch Smart-Home-Lösungen hat, lehnen einige das Konzept eines intelligenten Zuhauses dennoch ab. Einer Umfrage im Jahr 2015 nach, fürchten rund 35% der Befragten um ihre Privatsphäre.[17] Verständlich, wenn man bedenkt, dass das System teilweise tief in den eigenen Lebensraum Einblick hat. Auch wenn Hersteller wie RWE auf ihrer Homepage versichern, dass die Datensicherheit höchste Priorität hat, ist es für den Normalverbraucher dennoch schwierig nachzuvollziehen, wohin die Daten gesendet werden, wo sie gespeichert werden und wie sie verarbeitet werden. Ein weiterer Grund der angegeben wurde, waren die Anschaffungskosten solcher Geräte. Diese dürften allerdings mittelfristig durch den technischen Fortschritt und günstige Massenproduktionen sinken. Weitere 27% gaben an, dass ihnen die steigende Automatisierung im Haus oder der Wohnung unheimlich wird. Fraglich an dieser Stelle ist, wie weit diese „Angst

[15] Vgl. Politik Digital (03.05.2016): http://www.politik-digital.de
[16] Vgl. RWE (02.05.2016): http://www.rwe-smarthome.de
[17] Vgl. Statista (02.05.2016): http://.www.statista.com

vor dem Fortschritt" durch die Unsicherheit der Datenverwendung oder auch durch die Medien (Beispiel: der Kinofilm „iRobot", in dem bereits künstliche Intelligenz in Form von Robotern als Haushaltshelfer eingesetzt werden, sich diese im Verlauf des Filmes allerdings gegen die Menschheit auflehnen) verschuldet ist.[17]

Machine-to-Machine (M2M)

Heutzutage gibt es verschiedene Möglichkeiten für Menschen zu kommunizieren, sei es persönlich, per Telefon, per E-Mail oder auch in Chatrooms oder Videotelefonie. Doch nicht nur wir Menschen können miteinander kommunizieren, auch Maschinen haben durch den technologischen Fortschritt der letzten Jahre und Jahrzehnte diese Eigenschaft sozusagen „erlernt" bekommen. Die bisherige Auseinandersetzung mit dem Thema IoT erfolgte ausschließlich im privaten Bereich, also dem Konsumenten und die Vernetzung verschiedenster Alltagsgegenstände, die uns umgeben, miteinander. Auf der anderen Seite stehen dagegen die Firmen und Hersteller, die den Kauf dieser Gegenstände durch deren Produktion erst ermöglichen. Im industriellen Wirtschaftssektor wird dem Begriff IoT eine besonders hohe Bedeutung und Zuwendung geschenkt. Der erste Bereich, der im Rahmen dieser Arbeit näher betrachtet werden soll, ist die sogenannte Machine-to-Machine-Kommunikation:

Die Machine-to-Machine-Kommunikation (M2M) kann als technische Grundlage für das Internet der Dinge verstanden und definiert werden. Sie steht für einen automatisierten Austausch von Informationen zwischen technischen Geräten und Systemen, wie zum Beispiel Maschinen oder Fahrzeuge. Dabei dienen diese Systeme meist zur Fernüberwachung oder -steuerung.[18] Schwerpunkt von M2M liegt also auf der Verbindung zwischen zwei oder mehreren beliebigen Geräten/Endgeräten und der Datenübertragung an einen bestimmten Endpunkt oder zentrale Einheit zur weiteren Analyse dieser Informationen. Nach Schätzungen einer Studie von Bosch Software Innovation (Bosch SI) gehen die Experten von 14 Milliarden vernetzten, IP-fähigen Geräten

---

[18] Vgl. Bundesministerium für Wirtschaft und Technologie: 2011, S. 4

bis 2022 aus.[19] Das oben aufgeführte Smart-Home-Konzept beruht auf genau dieser Technik. Wir kommen in unserem jetzigen Alltag bereits sehr oft in Berührung mit der M2M-Technik. Als klassisches Beispiel sei das Auto genannt. Unzählige Sensoren, welche Reifendruck, Öl-, Kraftstoff- oder Kühlwasserstand messen und Meldung an den Nutzer geben, sobald ein vordefiniertes Minimum erreicht wird, sind fester und vor allem wichtiger Bestandteil des heutigen Autos. Als weiteres Beispiel eines M2M-Szenarios, mit dem wir ebenfalls sehr oft, wenn nicht sogar täglich, in Berührung kommen, ist die bargeldlose Bezahlung mittels EC- oder Kreditkarte. Mobile Bezahlterminals, wie wir sie aus dem Supermarkt oder Einkaufszentrum kennen, nutzen ebenfalls die M2M-Technik.

Technische Möglichkeiten

Bei der produktionstechnischen Erfassung von Daten, kommen – ähnlich der Smart-Home-Anwendungen, welche als Teilbereich der M2M-Kommunikation definiert werden kann – Sensoren und Aktoren zum Einsatz, welche wiederum über Netzwerke miteinander verbunden sind. Das Netzwerk kann dabei aus einem lokalen Netz (LAN), einem Weitverkehrsnetz (das Internet respektive IoT oder Wireless IoT), einem WLAN oder aus einem Mobilfunknetz bestehen.[20] Kabelgebundene Systeme werden dagegen zunehmend nicht mehr „state of the art" sein, da es zum einen nicht immer möglich ist, Kabel von der jeweiligen Maschine hin zur zentralen Recheneinheit zu legen und zum anderen immer größere Distanzen, beispielsweise bei Fernwartungen oder beweglichen Objekten, überbrückt werden müssen. Hier bieten sich kabellose Systeme, wie WLAN, Bluetooth oder Mobilfunknetze eher an. Besonders für das Thema Industrie 4.0, auf welches im späteren Verlauf dieser Arbeit näher eingegangen wird, gilt M2M als Basistechnologie und zwingende Voraussetzung für die erfolgreiche Umsetzung der Wirtschaftsvision.

---

[19] Vgl. Bosch Software Innovations (03.05.2016): http://www.bosch-si.com
[20] Vgl. IT Wissen (03.05.2016): http://www.itwissen.info/

Werbliche Möglichkeiten

Der Vorteil der Machine-to-Machine-Kommunikation liegt mehr oder weniger auf der Hand: der Wettbewerbsvorteil. Die deutsche Telekom zählt, nach eigenen Angaben, aufgrund ihrer langjährigen Erfahrungen, bereits heute zu den führenden internationalen Anbietern im Bereich M2M. Das Angebot reicht dabei von M2M-SIM-Karten bis hin zur Umsetzung von Komplettlösungen.[21] Für den Geschäftserfolg ist es unter anderem von essentieller Bedeutung, brauchbare Informationen über die Produktionskette zu sammeln, um diese analysieren, bewerten und daraus abgeleitete Handlungen anstoßen zu können. Die deutsche Telekom erläutert auf ihrer Homepage ein Beispiel aus dem Logistikbereich: „Diese [Handlungen] verhindern beispielsweise, dass sensible Güter während des Transports oder der Lagerung verderben, abhandenkommen oder ihr Ziel zu spät erreichen. Spediteure beispielsweise, die diese Risiken dank M2M deutlich verringern und sich durch eine lückenlose Dokumentation von Regressansprüchen befreien können, verschaffen sich somit klare Wettbewerbsvorteile im hart umkämpften Markt."[22]

Durch ein exaktes Monitoring der in die Produktion involvierten Maschinen, ist aber unter anderem auch eine Verringerung des Energieverbrauches oder eine Reduktion der CO_2-Emmissionen möglich.

Nutzerrelevante Möglichkeiten

Durch die vielfältigen Einsatzmöglichkeiten in verschiedenen Wirtschaftssektoren, ist M2M bereits heute kaum mehr wegzudenken. Logistik, Automotive, Energie, Handel – all diese Branchen profitieren inzwischen von den Vorteilen der Maschinenkommunikation. Theoretisch gibt es kaum Grenzen, was die Vernetzung von Maschinen und Dingen angeht.

Welches Potenzial durch den Einsatz von M2M für verschiedene Branchen ermöglicht wird, soll folgender Auszug des Machina Research verdeutlichen:[23]

---

[21] Vgl. Telekom (04.05.2016): http://www.telekom.com/
[22] Vgl. Telekom (04.05.2016): http://www.telekom.com
[23] Vgl. Watson, J./Sumner, J.: 2011, S. 7

Sector	Example applications	Major driver
Smart buildings	Automated monitoring of heating, ventilation and cooling	Reduced energy costs
Smart cities	Street lights that dim when roads empty	Cost savings
Automotive	Emergency calling and boat tracking	Regulatory requirement
Health	Remote monitoring of patients and personal health monitoring	Cheaper, home-based care
Manufactuaring	Predictive maintenance through improved system monitoring	Reduced maintance costs

Tabelle 1: M2M's diverse potential

Eigene Darstellung

Als erfolgreiches Anwendungsbeispiel der Machine-to-Machine-Kommunikation mittels eines Mobilfunknetzes, sei im Folgenden das Carsharing-Konzept von DriveNow erläutert. Bei dem Unternehmen DriveNow handelt es sich um ein Carsharing-Joint-Venture der BMW Group und der Sixt AG, welche im Juni 2011 gegründet wurde. Die BMW Group beteiligt sich dabei mittels der Einbringung der benötigten Fahrzeuge wie auch der Fahrzeug-Technologien. Die Sixt AG stellt im Gegenzug den Premium-Service, das Vermietungs-Know-How, die IT-Systeme als auch ein flächendeckendes Netzwerk an Kundenregistrierungsstationen.[24] Unter Carsharing versteht man die Nutzung eines Fahrzeuges durch mehrere, meist fremde Personen. Über eine App oder eine alternative Dienstleistungsplattform kann der Nutzer prüfen, ob und wenn ja, wo in seinem Umfeld ein freies Fahrzeug abgestellt ist. Durch einen Buchungsvorgang kann er das Fahrzeug für sich reservieren. Bei DriveNow muss sich der Nutzer einmalig gegen Gebühr registrieren, woraufhin er einen persönlichen RFID-Tag (nähere Erläuterung hierzu siehe Seite 2 „Technik") erhält, den er auf den Führerschein klebt. Als Responder ist in der Frontscheibe

---

[24] Vgl. Vodafon Referenz - DriveNow

eines jeden Carsharing-Fahrzeuges ein RFID-Lesegerät integriert, welches den Nutzer und dessen Reservierung für das Auto erkennt und den Schließmechanismus öffnet.[24] Einen Schritt weiter geht der Prototyp der XY: mittels einer Fahrzeugdialogeinheit, welche fest in das Fahrzeug anhand eines CAN-Bus (Controller Area Network) verbaut wird, soll es möglich sein, nicht nur die Kommunikation zwischen Nutzer und Fahrzeug zu erleichtern, indem das Öffnen des Fahrzeuges mit dem Smartphone funktioniert, auch die Rückgabe soll um ein vielfaches vereinfacht werden. Des Weiteren sammelt und sendet die Fahrzeugdialogeinheit diverse, für den Dienstleister relevante Daten, wie Kraftstoffmenge, wartungsintensive Bauteile, wie Bremsen. Auch die Funktion bei Auslösen des Airbags einen automatischen Notruf inklusive aktueller GPS-Lokation an die nächstliegende Notrufzentrale ist möglich. Der Carsharing-Dienstleister hat somit eine permanente Statusinformation über den Zustand des Fuhrparks.[25]

Industrie 4.0

Ein weiterer wichtiger Begriff in Bezug auf das Internet der Dinge, ist die „Industrie 4.0". Seit Beginn der Industrie hat sich die Art und Weise, wie Güter produziert werden, stetig weiterentwickelt, manchmal aber auch sehr sprunghaft, weshalb man dann von einer Revolution sprechen kann. Wegweisende sowie bahnbrechende Entwicklungen, neue Innovationen und Technologien konnten im Verlauf der Jahre dokumentiert werden, weshalb man diese in aktuell drei Wandlungserfolge der Industrie, auch als industrielle Revolution bezeichnet, unterteilen kann. Die erste industrielle Revolution, die Industrie 1.0 sozusagen, fand mit der zunehmenden Anzahl von mechanischen Erfindungen, Mitte des 18. Jahrhunderts, statt, als in den Produktionsanlagen dampf- und wasserbetriebene Maschinen zum Einsatz kamen. Die zweite industrielle Revolution – Industrie 2.0 – stellt die Einführung der Massenproduktion durch Fließbandarbeit durch Henry Ford im frühen 20. Jahrhundert dar. Durch den erstmaligen umfangreichen Einsatz elektrischer Energie für die Produktion, stellt dieser Wandel die zweite wichtige Entwicklung der Industrie dar. Zwischen Mitte und Ende des 20. Jahrhundert entwickelte

---

[25] Persönliche Kommunikation

sich die Industrie zu der, die uns heute überwiegend bekannt ist – Industrie 3.0. Der vermehrte Einsatz von Elektronik und Informationstechnologie machte eine weitere Automatisierung der Produktion möglich und ebnete dadurch den Weg für die Optimierung der Massenproduktion, hin zur heutigen Konsumgesellschaft im großen Stil.[26]

Die vierte industrielle Revolution, die Industrie 4.0 ist in den letzten Jahren ein zunehmend popularisierender Begriff für die deutsche Wirtschaft geworden. Diese vierte Revolution der industriellen Produktion ist allerdings noch nicht abgeschlossen, wir befinden uns sozusagen gerade mitten im Entwicklungsprozess hin zur neuen Industrie. Sie ist das Pendant zum Internet der Dinge im produzierenden Gewerbe, da durch die zunehmende Vernetzung von Betriebsmitteln, Maschinen oder Logistiksysteme mit dem Internet, intelligente Fabriken, sogenannte „smart factories" entstehen.

Da Deutschland als eine starke Wirtschaftsnation und hohes Ansehen für die Ingenieurskunst „Made in Germany" erhält, ist das Thema Industrie 4.0 zunehmend auch für die Politik interessant und wichtig. Unter der Leitung des aktuellen Bundeswirtschaftsministers Sigmar Gabriel (SPD) und der Bundesforschungsministerin Prof. Dr. Johanna Wanka (Bundesministerium für Bildung und Forschung) sind neben der Verbände-Plattform – „Plattform - Industrie 4.0" diverse Verbände (z.B. VMDA, ZVEI, BITKOM, BDI), Gewerkschaften (IG Metall) und die Wissenschaft (Frauenhofer Gesellschaft) hinzugekommen.[27]

Technische Möglichkeiten

Die bereits weiter oben erwähnte, stetig wachsende globale Vernetzung ist für die Industrie 4.0 der Schlüssel zum Erfolg. Durch das Internet wachsen reale und virtuelle Welt zu einem Internet der Dinge zusammen. Die ebenfalls oben vorgestellte Machine-to-Machine-Kommunikation inklusive deren technischer Möglichkeiten, sind für die Industrie 4.0 dabei ein wichtiger, wenn nicht sogar notwendiger Bestandteil. Mit Hilfe modernster Informations- und

---

[26] Vgl. Tarakos (06.05.2016): http://www.tarakos.de/
[27] Vgl. BMWi (06.05.2016): http://www.bmwi.de/

Kommunikationstechnik soll die industrielle Produktion „intelligent" werden. Aus diesem Grund ist auch immer wieder von der „intelligenten Fabrik" zu hören. Die Technik, die dazu genutzt wird, kennen wir bereits aus dem Internet der Dinge. Via drahtlosen Netzwerken, intelligenten Objekten, Sensoren und Aktoren werden in der Zukunfts-Fabrik die Maschinen und Roboter arbeiten. Dabei sollen die vernetzten Maschinen über digitale Schnittstellen eigenständig miteinander kommunizieren und einen optimalen Ablauf der Produktion gewährleisten. Die Vorteile der Massenproduktion sollen dabei mit den Ansprüchen der Einzelfertigung vereint werden. Mit Sensoren ausgestattete Maschinen koordinieren dabei selbständig Fertigungsprozesse mittels eigenständiger Kommunikation mit Folgeproduktionsstellen oder Vorproduktionseinheiten.[27]

Werbliche Möglichkeiten

Durch die Vernetzung von Maschinen oder Anlagen mit Sensoren, werden diese nicht nur miteinander kommunizieren, sondern auch Informationen austauschen. Der Technologiekonzern SIEMENS bietet bereits Lösungen und die benötigte Technik für den ersten Schritt in Richtung Industrie 4.0 an. Für das Unternehmen besteht dadurch nicht nur die Möglichkeit das herzustellende Produkt schneller zu produzieren, sondern die Produktion kann wesentlich effizienter gestaltet werden Auch kleine Mengen können kostengünstig hergestellt werden. Des Weiteren kann so die Produktion flexibel auf die sich stetig wechselnden Bedürfnisse des Marktes ausgerichtet werden. SIEMENS wirbt dabei auf ihrer Homepage mit einer 50 Prozent schnelleren Produktion bei mindestens gleichbleibender Qualität der Produkte, lediglich durch den Einsatz einer Software.[28]

Nutzerrelevante Möglichkeiten

Das Fraunhofer Institut für Arbeitswirtschaft und Organisation und der Branchenverband BITKOM haben für ausgewählte deutsche Branchen eine Prognose zur Steigerung der Bruttowertschöpfung durch Industrie 4.0 für das Jahr 2025 vorgenommen. Insgesamt könnte sich durch den Einsatz des

---

[28] Vgl. SIEMENS AG (06.05.2016): http://www.siemens.com/

Internet der Dinge hin zu intelligenten Fabriken um insgesamt 52 Milliarden Euro erhöhen.[29]

Wie genau die smarte Fabrik der Zukunft im Detail aussehen wird, kann aktuell noch niemand exakt voraussagen. Von einer Selbstorganisation der Maschinen, der automatischen Zusammenstellung von Lieferketten und die automatische Umwandlung von eingehenden Kundenaufträgen in einen Produktionsprozess scheint aber nicht im Unmöglichen. Nichtsdestotrotz wird der Mensch weiterhin ein wichtiger und unerlässlicher Faktor in der Industrie 4.0 bleiben. Die Maschinen benötigen, ungeachtet ihrer Fähigkeit überwiegend eigenständig und menschenunabhängig agieren zu können, dennoch eine Intelligenz, die Vorgänge und Abläufe plant, sowie auch die Programmierung der notwendigen Software vornimmt. Der „einfache Bandarbeiter" wird hier jedoch nicht mehr ausreichen, sondern es wird mit einem steigenden Bedarf an Fachkräften zu rechnen sein, der die Systeme zu bedienen weiß. Eine „menschenlose Fabrik", wie es teilweise durch diesen technischen Fortschritt befürchtet wird, wird es also in absehbarer Zeit nicht geben. Des Weiteren bedarf es immer noch den Menschen die maschinenproduzierten Produkte zu kaufen und zu konsumieren. Bevor die technische Umsetzung, welche heute bereits in der Theorie als auch in der Praxis möglich ist, erfolgt, sind jedoch vorerst einheitliche Richtlinien und Standards – insbesondere was den Datenschutz angeht – von Nöten. Auch die Frage nach der Energieversorgung solcher autonomen Objekte, die unterschiedlichen Übertragungsstandards für drahtlose Netze oder die fehlenden einheitlichen Schnittstellen für den Informationsaustausch gilt es noch zu klären.[30]

---

[29] Vgl. Statista (06.05.2016): http://www.statista.com/
[30] Vgl. Computerwoche (06.05.2016): http://www.computerwoche.de/

Tabellenverzeichnis

Tabelle 1: M2M's diverse potential

Internetverzeichnis

Bosch Software Innovations (03.05.2016): https://www.bosch-si.com/de/internet-der-dinge/iot/iot.html

Bundesministerium für Wirtschaft und Energie (kurz: BMWi) (06.05.2016): http://www.bmwi.de/DE/Themen/Industrie/industrie-4-0.html

Canary Connect (30.04.2016): http://www.golem.de/news/smart-home-wenn-das-zuhause-vernetzt-wird-1411-109401.html

Computerwoche (06.05.2016): http://www.computerwoche.de/a/industrie-4-0-ist-das-internet-der-ingenieure,2538117

DHL Discover Logistic (29.04.2016): https://www.dhl-discoverlogistics.com/cms/de/course/technologies/connection/rfid.jsp

FAZ (26.04.2016): http://www.faz.net/aktuell/wirtschaft/cebit/cebit-was-eigentlich-ist-das-internet-der-dinge-13483592.html

Golem – IT-News für Profis (30.04.2016): http://www.golem.de/news/smart-home-wenn-das-zuhause-vernetzt-wird-1411-109401.html

IT Wissen (26.04.2016): http://www.itwissen.info/definition/lexikon/Internet-of-things-IoT-Internet-der-Dinge.html

IT Wissen (03.05.2016): http://www.itwissen.info/definition/lexikon/machine-to-machine-M2M.html

Smithsonian (26.04.2016): http://www.smithsonianmag.com/innovation/kevin-ashton-describes-the-internet-of-things-180953749/?no-ist

Politik Digital (03.05.2016): http://politik-digital.de/news/internet-der-dinge-teil-3-smart-home-2-141035/

RWE (02.05.2016): http/www.rwe-smarthome.de

SIEMENS AG (06.05.2016):

http://www.siemens.com/innovation/de/home/pictures-of-the-future/industrie-und-automatisierung/digitale-fabrik-industrie-4-0.html

Statista – Einstellung zum vernetzten Wohnen/zu Smart-Home-Anwendungen in Deutschland (30.04.2016):

http://de.statista.com/statistik/daten/studie/164392/umfrage/kenntnis-von-connected-home-und-heimvernetzung-nach-alter/

Statista – Gründe zur Ablehnung von Smart-Home-Anwendungen (02.05.2016):

http://de.statista.com/statistik/daten/studie/164411/umfrage/bedenken-gegen-heimvernetzung/

Statista – Verständnis des Begriffes „Internet der Dinge" in Dtld. (29.04.2016):

http://de.statista.com/statistik/daten/studie/448713/umfrage/verstaendnis-des-begriffs-internet-der-dinge-in-deutschland/

Statista – Welchen Nutzen versprechen Sie sich vom Einsatz von Smart-Home-Anwendungen? (02.05.2016):

http://de.statista.com/statistik/daten/studie/437068/umfrage/versprochener-nutzen-von-smart-home-in-deutschland/

Statista – Wachstumschancen durch Industrie 4.0 (06.05.2016):

http://de.statista.com/statistik/daten/studie/297985/umfrage/wachstumschancen-ausgewaehlter-branchen-in-derutschland-durch-industrie-40/

Statista – Wohnungseinbruchdiebstähle in Deutschland in den Jahren 2013 und 2014 nach Bundesländern (02.05.2016):

http://de.statista.com/statistik/daten/studie/235669/umfrage/wohnungseinbrueche-in-deutschland-nach-bundeslaendern/

Tarakos (06.05.2016): http://www.tarakos.de/infografik-die-entwicklung-zur-industrie-4-0.html

Telekom (04.05.2016): https://www.telekom.com/medien/medienmappen/m2m-kommunikation/289144

Vodafon Referenz – DriveNow (03.05.2016):

https://www.vodafone.de/media/downloads/pdf/referenz-driveNow.pdf

Literaturverzeichnis

Bundesministerium für Wirtschaft und Technologie: Machine-to-Machine-Kommunikation – eine Chance für die deutsche Industrie. München, 2011

Watson, J./Sumner, J.: Rise of the machines Moving from hype to reality in the burgeoning market for machine-to-machine communication. In: Economist Intelligence Unit. Sponsored by SAP. London. 2012

Persönliche Kommunikation mit XY (Business Manager und Teamleiter Vertrieb, XY), XY, 08.04.2016

Abkürzungsverzeichnis
CAN – Controller Area Network

IoT – Internet of Things

M2M – Machine-to-Machine

RFID - Radio Frequence Identification